El cielo nocturno

Felix James

De noche, miro por la ventana. Miro al cielo. El cielo está oscuro, pero puedo ver algunas cosas.

Veo estrellas. De noche, hay muchas estrellas en el cielo. Las estrellas parecen pequeños puntitos de luz. Parecen pequeñas porque están muy lejos.

Veo la Luna.
La Luna es grande y redonda.

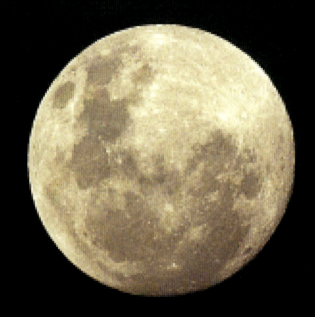

9

A veces, la Luna parece muy delgada. Sigue siendo grande y redonda, pero no podemos verla entera.

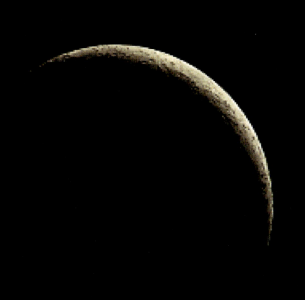

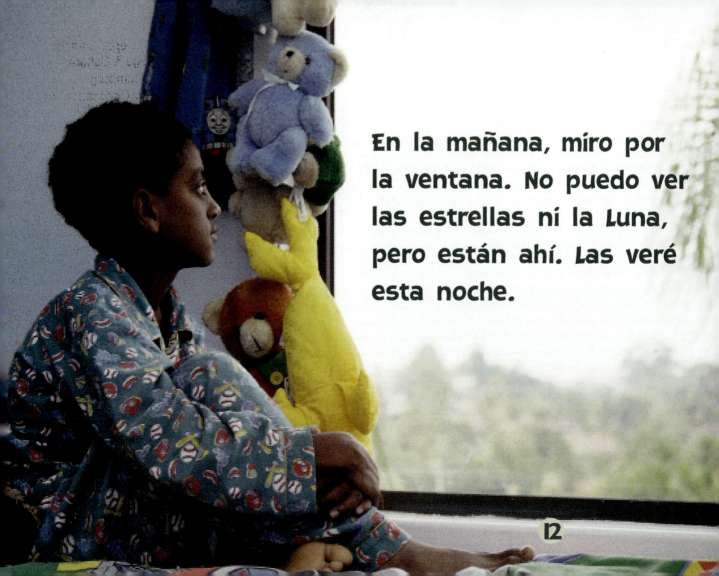

En la mañana, miro por la ventana. No puedo ver las estrellas ni la Luna, pero están ahí. Las veré esta noche.